BEI GRIN MACHT SICH IHR WISSEN BEZAHLT

AF130145

- Wir veröffentlichen Ihre Hausarbeit,
  Bachelor- und Masterarbeit

- Ihr eigenes eBook und Buch -
  weltweit in allen wichtigen Shops

- Verdienen Sie an jedem Verkauf

Jetzt bei www.GRIN.com hochladen und kostenlos publizieren

Bibliografische Information der Deutschen Nationalbibliothek:

Die Deutsche Bibliothek verzeichnet diese Publikation in der Deutschen National-
bibliografie; detaillierte bibliografische Daten sind im Internet über http://dnb.d-
nb.de/ abrufbar.

Dieses Werk sowie alle darin enthaltenen einzelnen Beiträge und Abbildungen
sind urheberrechtlich geschützt. Jede Verwertung, die nicht ausdrücklich vom
Urheberrechtsschutz zugelassen ist, bedarf der vorherigen Zustimmung des Verla-
ges. Das gilt insbesondere für Vervielfältigungen, Bearbeitungen, Übersetzungen,
Mikroverfilmungen, Auswertungen durch Datenbanken und für die Einspeicherung
und Verarbeitung in elektronische Systeme. Alle Rechte, auch die des auszugsweisen
Nachdrucks, der fotomechanischen Wiedergabe (einschließlich Mikrokopie) sowie
der Auswertung durch Datenbanken oder ähnliche Einrichtungen, vorbehalten.

Impressum:

Copyright © 2017 GRIN Verlag
Druck und Bindung: Books on Demand GmbH, Norderstedt Germany
ISBN: 9783668779785

Dieses Buch bei GRIN:

https://www.grin.com/document/437738

Isabel-Nicole Werk

Die Persönlichkeitspsychologie nach Sigmund Freud und Carl Gustav Jung

GRIN Verlag

Einsendeaufgaben Persönlichkeitspsychologie

Alternative C

Modulverantwortlicher Hochschullehrer:

SRH Fernhochschule

Modul: Persönlichkeitspsychologie
Studiengang: Wirtschaftspsychologie

von
Isabel-Nicole Werk

Studiengang: Wirtschaftspsychologie

Inhaltsverzeichnis

Abkürzungsverzeichnis

AOK-Bundesverband	Allgemeine Ortskrankenkasse-Bundesverband, Berlin
BGN	Berufsgenossenschaft Nahrungsmittel und Gastgewerbe, Mannheim
BZgA	Bundeszentrale für gesundheitliche Aufklärung, Köln
C. G. Jung	Carl Gustav Jung
DMSG Saar	Deutsche Multiple Sklerose Gesellschaft, Saar
Ebd.	Ebenda
et al.	und andere
GEDA	Gesundheit In Deutschland Aktuell, Berlin
HRDT	HRDT GmbH, Dießen am Ammersee
MBTI®	Myers-Briggs-Typenindikator
OPP	OPP Limited, Oxford (UK)
Vgl.	Vergleiche

Abbildungsverzeichnis

1. Teilaufgabe C1

1.1 Jungsche Typenlehre

Carl Gustav Jung wurde am 26. Juli 1876 in Kesswil, Schweiz, geboren. Seine Eltern waren Emilie Jung (geb. Preiswerk) und der Landpfarrer Johann Paul Achilles Jung. In keinem der Pfarrhäuser, in dem er den Großteil seiner Jugend verbrachte, fühlte er sich wohl und glücklich. Er litt in diesem Lebensraum an negativen Gefühlen des Todes, der Melancholie und der Unruhe.[1] Im Alter von drei Jahren musste seine Mutter nach einem plötzlichen Zusammenbruch für drei Monate ins Krankenhaus. Diese Trennung von seiner Mutter, einer wichtigen Bezugsperson in dieser Phase der Kindheit, sollte ihn für den Rest seines Lebens prägen.[2] Doch es ist nicht nur dieses Ereignis, das ihn zu einer bedeutsamen Erkenntnis führt.

Im Jahre 1912/13 erfolgt die Distanzierung von seinem "Fachkollegen" Sigmund Freud, nachdem Jung sein Buch "Wandlungen und Symbole der Libido" veröffentlicht, in dem er Freuds Ansichten der Libido kritisiert.[3] Vorfälle wie diese wirken insofern auf Jung, als dass er anfängt, sich zum Schutz vor der äußeren Welt, auf seine innere Welt zu konzentrieren.[4] Jung hat daher schon in seiner unglücklichen tristen Kindheit das Gefühl, zwei Persönlichkeiten innezuhaben.[5] Die erste Persönlichkeit ist seine nach außen orientierte, objektive, oder auch "extravertierte" Persönlichkeit, die für seine Umgebung und die in seinem Umfeld befindlichen Personen sichtbar und beeinflussbar ist und mit ihnen kommuniziert. Die zweite Persönlichkeit ist die nach innen gerichtete, subjektive, oder auch "introvertierte" Persönlichkeit, in der er sich mit seiner inneren Wirklichkeit befasst und sich als machtvoll, philosophisch und mit Gott verbunden fühlt.[6] Diese Empfindung könnte laut Atwood und Tomkins darauf hindeuten, dass diese zwei Persönlichkeiten ihn dazu antreiben, sich als Psychiater ausbilden zu lassen.[7] So veröffentlicht Jung 1921 sein Modell der "Psychologischen Typen", die auf seinen selbst wahrgenommenen gegensätzlichen Bewusstseins-

---

[1] Vgl. *Stevens, A.* (2015), *S. 13*
[2] Vgl. *Ebd.*
[3] Vgl. *Laux, L.* (2008), S. 115
[4] Vgl. *Laux, L.* (2008), S. 116
[5] Vgl. *Ebd.*
[6] Vgl. *Ebd.*
[7] Vgl. *Laux, L.* (2008), S. 117, zitiert nach *Atwood, G. E./Tomkins, S. S.* (1976)

inhalten des extravertierten und introvertierten Haupttypen basieren ("Jungsche Typenlehre").[8] Er geht darin davon aus, dass jeder Mensch eine Mischung dieser beiden "Grundeinstellungstypen" sei und dass der Typ, der bei einem Menschen überwiegt, seine Persönlichkeit ausmacht.[9] Zusätzlich zu diesen Grundtypen, führt Jung noch vier Orientierungs- bzw. Bewusstseinsfunktionen ein, welche sich als zwei Gegensatzpaare wie folgt gegenüberstellen lassen:

1. Denken und Fühlen
2. Empfinden und Intuition

So entstehen nach der Jungschen Typenlehre durch die jeweiligen Kombinationsmöglichkeiten der zwei Haupttypen (Extraversion und Introversion) und der vier Bewusstseinsfunktionen (Denken, Fühlen, Empfinden, Intuition), 16 unterschiedliche Persönlichkeitstypen.

1.2 Das Unbewusste

1.2.1 C. G. Jung

Neben der Jungschen Typenlehre entwickelt C. G. Jung sein eigenes Modell der Persönlichkeit, das etwas umfangreicher ist, als seine Typenlehre. Das Persönlichkeitsmodell basiert auf der Vorstellung, dass sich die Persönlichkeit eines Menschen über sein gesamtes Leben hinweg entwickelt und das Ziel darin besteht, das Selbst bzw. die Psyche, die bei ihm die gesamte Persönlichkeit darstellt, zu verwirklichen.[10] Diesen Entwicklungsprozess bezeichnet er als Individuation.[11] Laut Jung ist die Psyche ein komplexes System, das sich grob in vier Teile gliedern lässt – das Ich (Selbst), das persönliche Unbewusste, das kollektive Unbewusste und die Archetypen.

---

[8] Vgl. *Stevens, A.* (2015), S. 141
[9] Vgl. *Stevens, A.* (2015), S. 164
[10] Vgl. *Maltby, J./Day, L./Macaskill, A.* (2011), S. 123
[11] Vgl. *Stevens, A.* (2015), S. 65

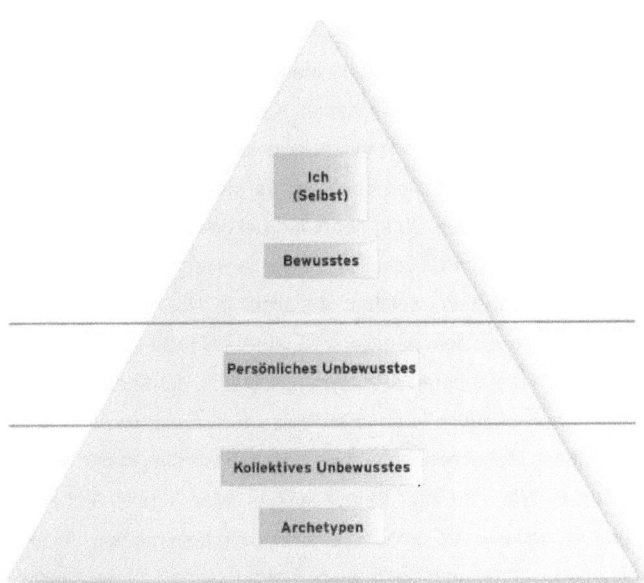

Abbildung 1.2:   Jungs Modell der Psyche

Quelle: Maltby, J./Day, L./Macaskill, A. (2011), S. 124

Abbildung 1.2 zeigt die Anordnung der vier Bestandteile der menschlichen Psyche. Auf der obersten Ebene steht das Ich bzw. das Bewusstsein, das auch als
Selbst bezeichnet wird, und Zentrum der Persönlichkeit darstellt. Es enthält Erfahrungen und Erinnerungen aus der Vergangenheit (z. B. aus der Kindheit),
die einen großen Teil unserer Identität ausmachen.[12] Das mittig angesiedelte
persönliche Unbewusste basiert auf verdrängten negativ behafteten individuellen Erfahrungen, die jedoch gezielt wieder ins Bewusstsein gerufen werden
können.[13] Das im unteren Bereich der Abbildung befindliche kollektive Unbewusste ist laut Jung, im Gegensatz zum persönlichen Unbewussten, tiefer in
der Psyche gelegen, angeboren und bei jedem Menschen in identischer Form
enthalten ist, da es über die Entwicklung der Menschheit hinweg vererbt wird.
Es sind beispielsweise Ängste vor dem Tod, der Dunkelheit, dem Bösen etc., die
die Menschheit im kollektiven Unbewussten vereint.[14] Der letzte Bestandteil, der
sich gemäß Abbildung 1.2 auf der tiefsten Ebene des Unbewussten präsentiert,

---

[12] Vgl. *Maltby, J./Day, L./Macaskill, A.* (2011), S. 125
[13] Vgl. *Ebd.*
[14] Vgl. *Maltby, J./Day, L./Macaskill, A.* (2011), S. 125

sind die sog. Archetypen, die die Inhalte des kollektiven Unbewussten darstellen. Man kann sie als angeborene Ideen des Menschen bezeichnen, wobei jeder Mensch, unabhängig von seiner Kultur, individuelle Archetypen innehat. Weiterhin sieht Jung das kollektive Unbewusste als eine Ansammlung von Mythen und Legenden aus allen Kulturen, die wiederum aus individuellen Visionen und Träumen entstehen. Jung nennt hierbei das Beispiel des Gottesbegriffs als einer vieler Archetypen. Dieser Archetyp liegt laut Jung unbewusst im Inneren eines jeden Menschen, welcher vor allem in lebensbedrohlichen Situationen plötzlich ins Bewusstsein gerufen wird, auch bei nicht-religiösen Personen.[15] So kommen auch die anderen Archetypen, wie z. B. der Mutter-Archetyp, jeweils in verschiedenen Situation in anderer Weise zum Ausdruck.[16] Evolutionär bedingt ist es so, dass Menschen, sobald sie geboren werden, in den ersten Lebensjahren instinktiv Nähe zu ihrer Mutter suchen. Man könnte Archetypen demnach als eine Art unbewusste, angeborene Neigung beschreiben. All die zuvor erläuterten inneren Strukturen der menschlichen Psyche agieren sowohl miteinander als auch gegeneinander. Die sog. Libido meint bei C. G. Jung die für die gegeneinander wirkenden Prozesse entstehende und treibende Kraft bzw. Lebensenergie, was er auch als Prinzip der Gegensätze beschreibt.[17] So entsteht diese Energie laut Jung durch die kontinuierliche Divergenz des Unbewussten und Bewussten.[18]

1.2.2 Sigmund Freud

Freuds Persönlichkeitstheorie basiert auf dem sog. Drei-Instanzen-Modell, laut welchem die menschliche Psyche aus den Instanzen des Ich, des Es und des Über-Ich besteht.[19] Das Ich ist die einzige der drei Instanzen, die einen begrenzten Zugang zum Bewusstsein hat. Es kontrolliert die Triebbedürfnisse zwischen dem Es und der Außenwelt und interagiert so direkt mit der Umwelt.[20] Das Es fungiert als Quelle der biologischen Triebe und Bedürfnisse. Es ist angeboren, hat jedoch keinen Kontakt zur Außenwelt und fordert unverzügliche Befriedigung der Triebe. Laut Freud agiert das Es unbewusst, weshalb er pos-

---

[15] Vgl. *Maltby, J./Day, L./Macaskill, A.* (2011), S. 126
[16] Vgl. *Ebd.*
[17] Vgl. *Maltby, J./Day, L./Macaskill, A.* (2011), S. 123
[18] Vgl. *Ebd.*
[19] Vgl. *Harding, G.* (2012), S. 45
[20] Vgl. *Rammsayer, T./Weber, H.* (2016), S. 31

tuliert, dass Menschen weitgehend von diesen Trieben gesteuert werden und es ihr Verhalten maßgeblich beeinflusst.[21] Hier unterscheidet Freud zwischen zwei Haupttrieben – dem Eros, die der Libido zugrundeliegt und als Sexualtrieb verstanden wird, und dem Thanatos ("Destrudo"), der sich als selbstzerstörerischer Aggressionstrieb beschreiben lässt.[22]

Das Über-Ich bildet die moralische Instanz der Psyche ("Moral-Ich"), indem es die destruktiven Triebe aus dem Es versucht zu unterbinden und gleichzeitig das Ich dazu animiert, mit seinen Abwehrmechanismen diese destruktiven Impulse durch moralisch akzeptable Ziele zu ersetzen.[23] Überdies beinhaltet das Über-Ich auch die Vorstellung des Ideal-Ichs, welches gewisse Erwartungen an sich selbst stellt. Die folgende Abbildung 1.2.2 stellt die Zwischenwirkungen innerhalb der drei Instanzen grafisch dar.

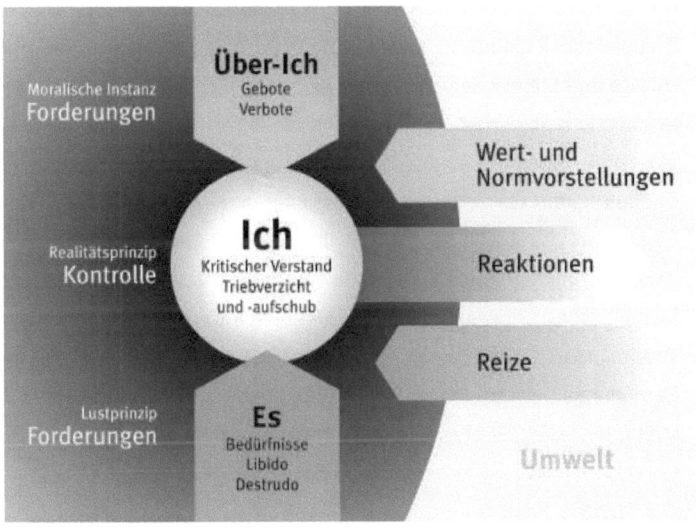

Abbildung 1.2.2a: Der psychische Apparat nach Freuds zweitem Modell
Quelle: https://de.wikipedia.org/wiki/Strukturmodell_der_Psyche (27.11.2017)

---

[21] Vgl. *Rammsayer, T./Weber, H.* (2016), S. 31
[22] Vgl. *Rammsayer, T./Weber, H.* (2016), S. 30
[23] Vgl. *Rammsayer, T./Weber, H.* (2016), S. 31

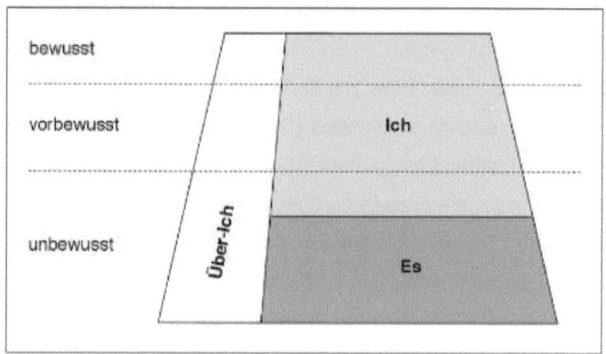

Abbildung 1.2.2b: Bewusstseinsebenen der drei Instanzen

Quelle: Rammsayer, T./Weber, H. (2016), S. 31

Abbildung 1.2.2b zeigt, in welchen Bewusstseinsprozessen die drei Instanzen in Freuds Modell eine Rolle spielen. Die drei Ebenen beinhalten bewusste, vorbewusste und unbewusste Prozesse. Während sich das Es nur in der unbewussten Ebene aufhält, haben sowohl das Ich als auch das Über-Ich Zugang zu allen drei Ebenen. Das Bewusste umfasst alle Gedankengänge und Erinnerungen, die akut erlebt, gedacht und wahrgenommen werden. Das (deskriptive) Vorbewusste verfügt über Erinnerungen und Wissen, das durch gelenkte Aufmerksamkeit in die bewusste Ebene gebracht werden kann. Das (dynamische) Unbewusste verdängt negative Erinnerungen oder unmoralische Triebe. Man kann diese unbewussten Erinnerungen selbst mit größten Bemühungen nicht ins aktive Bewusstsein holen, jedoch gibt es einige Methoden, wie z. B. Hypnose, bei denen dies durchaus möglich ist.[24]

1.2.3   Fazit

Zusammenfassend lässt sich sagen, dass es einige Aspekte gibt, in denen sich die Theorien von Jung und Freud voneinander unterscheiden. Obgleich die Archetypen von Jung mehr oder weniger ähnliche Ansätze wie die unbewussten Triebe nach Freud haben und diese ebenfalls angeboren sind, sind es laut Jung eher spirituell bedingte Ansätze anstatt biologische Triebe wie bei Freuds Theorie. Darüber hinaus ist ein wesentlicher Unterschied, dass Freuds Psychoanaly-

---

[24] Vgl. *Harding, G.* (2012), S. 42-44

se sich vielmehr auf die klinischen Befunde konzentriert und Jung sowohl am "gesunden" als auch am "psychisch beeinträchtigten" Menschen interessiert ist. Weiterhin lässt sich feststellen, dass Jung, im Gegensatz zu Freud, von einer lebenslangen Entwicklung der menschlichen Psyche / Persönlichkeit ausgeht, die als Ziel hat, sich selbst zu verwirklichen; wohingegen Freud sich auf die Kindheit als entscheidende prägende Phase konzentriert. Desweiteren fungiert die Libido in Freuds Theorie als sexueller Trieb, während bei Jung die Libido, außer als sexueller Trieb, vor allem die gesamte zentrale Lebensenergie verkörpert.

1.3 Myers-Briggs-Typenindikator (MBTI®)

Der Myers-Briggs-Typenindikator basiert auf C. G. Jungs Typenlehre und misst die Präferenzen des menschlichen Verhaltens. Präferenzen meinen hier unterschiedliche Verhaltensmuster, die bevorzugt gezeigt werden, da sie die Persönlichkeit ausmachen. Jung stellt vier Gegensatzpaare gegenüber, welche jeweils als Pole auf einer Skala angeordnet sind, und geht davon aus, dass jeder Mensch die Verhaltensweisen der jeweiligen Pole innehat, nur eben in verschiedenen Intensitäten:

1. Extraversion (E) oder Introversion (I)
2. Empfinden (S) oder Intuition (N)
3. Denken (T) oder Fühlen (F)
4. Urteilen (J) oder Wahrnehmen (P)[25]

Die Fragen im Fragebogen des MBTI® (90 Items) sind im forced-choice, also einer Art "Entweder-Oder-Format" enthalten. Nach Auswertung der Fragen erhält der Befragte einen vierstelligen Buchstabencode, der seinen Persönlichkeitstypen beschreibt. Aus diesen vier Gegensatzpaaren können demnach 16 verschiedene Persönlichkeitstypen entstehen.[26]
Der MBTI® ist in der heutigen Zeit einer der bekanntesten Personalentwicklungsinstrumente und besonders in den USA sehr beliebt. Der Test wird in größeren Unternehmen vorzugsweise in im Personalentwicklungsbereich verwendet.[27] Das Ergebnis hilft Menschen dabei, sich selbst zu erkennen, andere auf-

[25] Vgl. *Schimmel-Schloo, M./Seiwert, L. J./Wagner, H.* (Hrsg.) (2002), S. 215
[26] Vgl. *Schimmel-Schloo, M./Seiwert, L. J./Wagner, H.* (Hrsg.) (2002), S. 216
[27] Vgl. *Talamo* (28.11.2017)

grund ihres Persönlichkeitstypen besser zu verstehen und als Folge davon zu lernen, toleranter auf andere Menschen einzugehen um dann effektiver mit ihnen kommunizieren und arbeiten zu können.[28] Dies dient beispielweise der effektiveren Kommunikationbei Arbeiten in größeren Teams. Ebenfalls betont der Test persönliche Präferenzen und Stärken, die man dazu nutzen kann, Veränderungsprozesse aktiv anzutreiben.[29] Aufgrund dieser Tatsachen wird der Test bevorzugt bei der Fortbildung bzw. Coachings von Führungskräften verwendet. Auf diese Weise wird der eigene Führungsstil bewusst und es können gezielt Bedürfnisse von Management und Mitarbeitern auf effektive und schonende Weise weiterentwickelt werden. Es ist jedoch zu kritisieren, dass der MBTI® ziemlich oberflächlich die Merkmale des menschlichen Verhaltens darstellt und nicht in die Tiefe gehen kann. Weiterhin ist er mit seinen insgesamt 16 verschiedenen Persönlichkeitstypen recht komplex, was ein Verständnis für den Laien der schwierig macht. Ein anderes Kriterium ist die Tatsache, dass man, aufgrund der Anordnung der Fragen in Form eines "Entweder-oder-Prinzips", sich zwangsläufig für einen der jeweils zwei Pole der vier Skalen entscheiden muss und sich nicht in der Mitte der beiden Pole festsetzen darf, weil sonst ein eindeutiges Ergebnis bestehend aus vier Buchstaben nicht möglich ist. Man muss außerdem in Betracht ziehen, dass Jungs Studien zu den Persönlichkeitstypen eher spirituellen und weniger wissenschaftlichen Ursprung haben, weshalb die Ergebnisse des Tests nicht nachweisbar sind und sich daher nur als Theorien bezeichnen lassen. Zusammenfassend lässt sich daraus schließen, dass der MBTI® ein Test ist, der einige wissenschaftlich nicht nachweisbare Unstimmigkeiten enthält und zur tiefen Darstellung der komplexen Persönlichkeit eines Menschen nicht geeignet ist, sich jedoch in Unternehmen zur oberflächlichen Einteilung der Mitarbeiter in generalisierte Persönlichkeitstypen zur effektiveren Arbeitsweise und Kommunikation untereinander gut verwenden lässt.

---

[28] Vgl. *OPP* (28.11.2017)
[29] Vgl. *HRDT* (28.11.2017)

2. Teilaufgabe C2

2.1 Soziale Unterstützung

Soziale Unterstützung meint das Phänomen, dass Menschen anderen Menschen in einer besonderen Notlage, welche den Betroffenen leiden lässt, dabei helfen, diese Notlage zu überwinden oder sie zumindest dabei unterstützen, sie für den Betroffenen erträglicher zu gestalten.[30] Laut Hobfoll ist soziale Unterstützung eine externe bzw. äußere Ressource, das bedeutet, Menschen haben, je nach Ausmaß dieser Ressource (siehe 3.2.2), Zugriff auf ein bestimmtes soziales Netzwerk und soziale Unterstützung von ihrem Umfeld, auf das sie zurückgreifen können.[31] Es wird unterschieden zwischen der erhaltenen und der wahrgenommenen Unterstützung.

Erhaltene Unterstützung ("received support") meint die tatsächliche Leistung von Unterstützung an den Betroffenen, der Leid erfährt, welcher idealerweise im Nachhinein auch von der erhaltenen Unterstützung berichten kann.[32]

Wahrgenommene Unterstützung ("perceived support") hingegen beschreibt die Erwartung des Betroffenen an sein Umfeld, ihm in einer Notlage soziale Unterstützung zu gewährleisten. Das bedeutet, der Betroffene geht davon aus, dass ihm im Falle einer Notlage in jedem Fall soziale Unterstützung in seiner Umwelt zur Verfügung steht.[33]

Zusätzlich wird nach der Art der sozialen Unterstützung unterschieden:

1. Instrumentelle Unterstützung (Einkäufe, "Geldspritzen", manuell geleistete Arbeit, etc.)
2. Emotionale Unterstützung (Mitleid, Trost, positives Zureden, etc.)
3. Informationelle Unterstützung (Ratschläge, Tipps, etc.)
4. Bewertungsunterstützung (Übereinstimmung von Meinungen, Werten, Standpunkten, etc.)
5. Zufriedenheit mit der sozialen Unterstützung (Betroffener gibt Bewertung ab)[34]

Je nachdem, in welcher Situation sich gerade sowohl der Unterstützende als auch der Unterstützte befinden, kann die erhaltene Unterstützung jeweils an-

[30] Vgl. *Knoll, N./Scholz, U./Rieckmann, N.* (2011), S. 141
[31] Vgl. *Hammelstein, R.* (2006), S. 108
[32] Vgl. *Knoll, N./Scholz, U./Rieckmann, N.* (2011), S. 142
[33] Vgl. *Ebd.*
[34] Vgl. *Knoll, N./Scholz, U./Rieckmann, N.* (2011), S. 143

ders aufgenommen werden, sodass man bei der Messung und Interpretation der Unterstützung bestenfalls drei verschiedene Perspektiven betrachten sollte: die des Unterstützungsgebers, des Unterstützungsempfängers und einer Dritten außenstehenden, beobachtenden Person.[35]

2.2 Soziale Unterstützung und Gesundheit

Es existieren zwei sehr bekannte Forschungen, die untersucht haben, inwiefern ein soziales Netzwerk bzw. soziale Unterstützung auf unsere Gesundheit wirken. Ein soziales Netzwerk meint die Menge der Menschen und Institutionen, mit denen ein Mensch in ein soziales Gebilde durch Interaktionen diverser Arten verflochten ist, z. B. Bekanntschaften, Familie, Arbeitskollegen, etc.[36] Das Gegenteil hierzu ist die soziale Isolation. Eine Untersuchung zum Einfluss sozialer Unterstützung auf menschliche Gesundheit von Bruhn und Wolf geht über 15 Jahre (1963-1978), in denen sie die Entwicklung der italienischen Einwanderer in der amerikanischen Stadt Roseto bewachen. Während und nach dieser Zeit fällt auf, dass, verglichen zu anderen "Kontrollstädten", die Anzahl der tödlichen Herzinfarkte in Roseto sich mehr als halbiert hat. Dies ist laut Bruhn und Wolf darauf zurückzuführen, dass Familienzusammenhalt und die gegenseitige Unterstützung innerhalb italienischen Familien eine große Rolle spielen.[37]

In der zweiten bekannten Studie, der sog. Alameda-County-Studie, können Berkman und Syme darlegen, dass sich bei Menschen mit erhaltener sozialer Unterstützung innerhalb ihres Netzwerks die Mortalitätsrate senkt.[38] Getestet wird stichprobenartig und zufällig aus insg. 6.928 Erwachsenen innerhalb eines Zeitraums von neun Jahren. Eigens für die Messung der Ergebnisse wurde ein Index entwickelt, welcher das Ausmaß des sozialen Netzwerks einer Person sowie ihre Partizipation in Vereinen oder religiösen Gemeinden in Betracht zieht.[39] Die Ergebnisse zeigen, dass, umso höher die soziale Unterstützung, desto niedriger ist auch hier die Mortalitätsrate.

In beiden der eben aufgezeigten Untersuchungen kann ausgeschlossen werden, dass sich die Veränderung der Mortalitätsrate auf andere Gesundheitsrisi-

---

[35] Vgl. *Hammelstein, R.* (2006), S. 109, zitiert nach *Dunkel-Schetter et al.* (1992)
[36] Vgl. *Knoll, N./Scholz, U./Rieckmann, N.* (2011), S. 140
[37] Vgl. *Kulin, S. et al.* (2012), S. 174
[38] Vgl. *Bruns, W.* (2013), S. 92
[39] Vgl. *Bruns, W.* (2013), S. 92-93, zitiert nach *Siegrist* (1988)

ken zurückführen lässt als auf die soziale Unterstützung.[40] Auch aktuellere Studien, wie die von Uchino et al. und Berkman et al., zeigen, dass Menschen ein höheres Mortalitätsrisiko aufweisen, umso weniger sie sich in Notfällen unterstützt fühlen. Sie sind außerdem empfindlicher für Krankheiten und können allgemein psychische Strapazen schlechter bewältigen.[41] Aus den Ergebnissen der drei erläuterten Forschungen lässt sich erschließen, dass soziale Unterstützung durchaus einen positiven Effekt auf die Gesundheit des Betroffenen haben kann. Wichtig ist es auch zu erwähnen, dass die Qualität der erhaltenen Unterstützung ein relevanter Aspekt ist.[42] Jedoch muss soziale Unterstützung nicht in jedem Fall eine positive Auswirkung auf die Gesundheit haben. So zeigen beispielsweise Studien von Christakis und Fowler, dass sich Erkrankungen innerhalb eines sozialen Netzwerks auch weiterverbreiten können. In ihrer sog. Framingham Heart Studie, in der im Zeitraum von 1971 bis 2003 insg. 12.067 Menschen überwacht werden, kann nachgewiesen werden, dass sich Adipositas (Fettleibigkeit, Fettsucht) mit einer Wahrscheinlichkeit von 57 % erhöht, wenn einer der Personen innerhalb des sozialen Netzwerks in einer vorgegebenen Zeitspanne an Adipositas erkrankt. Bei Ehepartnern liegt die Wahrscheinlichkeit bei 37 %, bei Geschwistern bei 40 %.[43]

2.3 Soziale Unterstützung – ein Persönlichkeitsmerkmal?

Man kann sich zunächst fragen, mit welcher Intention ein Mensch einem anderen soziale Unterstützung leistet, ohne dabei eine Belohnung zu erwarten.

Dahingehend ist es notwendig, nach wahrgenommener und tatsächlich erhaltener sozialen Unterstützung zu unterscheiden, denn erhaltene Unterstützung ist abhängig von äußeren Faktoren (andere Menschen, Institutionen, etc.), während wahrgenommene Unterstützung mit dem Betroffenen selbst bzw. seinen Erwartungen an die Umwelt zusammenhängt.[44]

Bei der Durchführung einer Faktorenanalyse, ein statistisches Verfahren zur Erfassung und Verdichtung von empirisch untersuchten Daten, kann dargelegt werden, dass sich erwartete Unterstützung insofern als Persönlichkeitsmerkmal deklarieren lassen kann, als dass es unabhängig von tatsächlich erhaltener Un-

---

[40] Vgl. *Ebd.*
[41] Vgl. *GEDA* (2012)
[42] Vgl. *Bruns, W.* (2013), S. 93
[43] Vgl. *Ebd.*
[44] Vgl. *Andreß, H.-J.* (1999), S. 175

terstützung existiert und mit anderen Merkmalen, wie z. B. Kontrollüberzeugungen und Selbstwertgefühl, korreliert. Demzufolge kann die wahrgenommene Erhaltung als ein stabiles Persönlichkeitsmerkmal bezeichnet werden.[45] Erhaltene soziale Unterstützung hingegen ist eher als psychische/persönliche Ressource zu bezeichnen, also jede Art von Hilfsmitteln, auf die man jederzeit zugreifen kann, um bestimmte Ziele, Veränderungen, etc. hervorzubringen. Sobald die soziale Unterstützung geleistet und erhalten wird, gilt es als effektives sog. Coping, das zur Bewältigung von verschiedenen Notlagen dient (siehe 3.2.1).[46]

2.4 Soziale Unterstützung in einer Partnerschaft

Dieser Abschnitt beschäftigt sich mit der Frage, inwiefern soziale Unterstützung innerhalb einer beständigen, intimen Partnerschaft bei der Bewältigung einer chronischen Krankheit des Partners helfen kann. Eine chronische Krankheit meint eine lang andauernde, schwer oder gar nicht heilbare Krankheit.[47] Der Partner ist in dieser Situation meist die erste Anlaufstelle, gefolgt von Familie und Freunden sowie Ärzten und Therapeuten.[48]

Der Versuch von Bewältigung innerhalb einer Partnerschaft nennt sich interpersonelle Bewältigung oder auch dyadisches Coping.[49] Trotz stabiler Partnerschaft kann es in solchen Extremsituationen zu diversen interpersonellen Problemen kommen, die aufgrund der verschiedenen Erwartungshaltungen bezüglich des Ausmaßes der Unterstützungsleistung zwischen der betroffenen chronisch erkrankten Person und andererseits der Person, von dem die Unterstützung ausgeht, aufkommen. Es ist nachgewiesen, dass Frauen generell über eine höhere wahrgenommene Unterstützung verfügen, also eine höhere Erwartung an ihren Partner haben, sie in Leidenssituationen nach ihren Erwartungen sozial zu unterstützen.[50] Trotz all dem stellt für beide Geschlechter die Erkrankung des jeweils anderen eine schwere emotionale Belastung dar, die sich auch negativ auf die Beziehung auswirken kann. Soziale Unterstützung kann jedoch auch das Gegenteil bewirken – laut Cutrona kann sie sogar als sog.

---

[45] Vgl. *Eppel, H.* (2007), S. 102, zitiert nach *Sarason et al.* (1990), nach *Schwarzer* (2000)
[46] Vgl. *van Dick, R.* (1999), S. 93
[47] Vgl. *AOK-Bundesverband*, (29.11.2017)
[48] Vgl. *Faller, H./Lang, H.* (2010), S. 331
[49] Vgl. *Ebd.*
[50] Vgl. *Knoll, N./Scholz, U./Rieckmann, N.* (2011), S. 164

"Beziehungsstärker" fungieren, denn durch die Unterstützung gewinnt eine Partnerschaft an gegenseitigem Vertrauen, Intimität und festigt somit die Beziehung.[51] Hierbei kommt es allerdings auf die allgemeine Zufriedenheit innerhalb der Partnerschaft an. Ist die Partnerschaft ohnehin bereits in einer schwierigen Phase, so kann es schnell zu eher negativen Einflüssen auf die Gesundheit des Betroffenen kommen. Es ist wichtig, dass sich beide Partner genug Zeit nehmen, um die Situation zu erkennen und bewusst zu handeln. Bei aufkommenden Missverständnissen im Hinblick auf die chronische Krankheit oder Unsicherheiten über das angemessene eigene Verhalten gegenüber dem Partner, sollte ein offenes sachliches Gespräch geführt werden, um solche Angelegenheiten zu klären. Derartige Extremsituationen können die Partnerschaft auf eine andere Ebene führen, da sich beide neu kennenlernen.[52] Generell für den Erfolg der Unterstützung ist auch entscheidend, wie das Ausmaß der Krankheit und die Einstellung des Partners zu der Erkrankung des anderen ist. Beides ist abhängig u. a. vom Schweregrad der Erkrankung, der Verlaufskurve, der Art und dem Ausmaß der partnerschaftlichen Zusammenarbeit im Hinblick auf die gemeinsame Bewältigung der Erkrankung, sowie besonders von den Gefühlen beider Partner hinsichtlich des Krankheitsverlaufs und den damit einhergehenden Veränderungen im alltäglichen Zusammenleben.[53]

Folgend werden die beiden beziehungsbezogenen Bewältigungsformen ("relationship-focused coping") von Coyne und Smith aus dem Jahr 1991 vorgestellt. Coyne und Smith beziehen sich hierbei auf eine Ausgangsfrage – wie kann ein Partner seinem erkrankten Partner mit einer Bewältigungsstrategie helfen, ohne sich selbst dabei zu vernachlässigen bzw. das eigene Wohlbefinden zu schwächen?[54] Es wird unterschieden zwischen der aktiven Mitwirkung ("active engagement") sowie der protektiven Abfederung ("protective buffering").[55] Bei der aktiven Mitwirkung werden konkret die Gefühle des erkrankten Partners erfragt und sich auf das Finden einer direkten Lösung fokussiert, während die protektive Abfederung das Ziel hat, den betroffenen Partner von jeglichen schlechten Fakten, Informationen und Ereignissen in Bezug auf die Erkrankung zu schützen und es wird versucht, Streitigkeiten zu vermeiden,

---

[51] Vgl. *Ebd.*
[52] Vgl. *DMSG Saar* (2010), S. 4
[53] Vgl. *Corbin, J. M./Strauss, A. L.* (2010), S. 283 - 285
[54] Vgl. *Knoll, N./Scholz, U./Rieckmann, N.* (2011), S. 167
[55] Vgl. *Knoll, N./Scholz, U./Rieckmann, N.* (2011), S. 166

indem der unterstützende Partner vor einem Konflikt dem anderen gegenüber nachgibt.[56]

Daraus lässt sich schlussfolgern, dass soziale Unterstützung innerhalb einer Partnerschaft bei der Bewältigung einer chronischen Erkrankung einer der Partner durchaus helfen kann. wenn bestimmte Bedingungen erfüllt sind.

3. Teilaufgabe C3

3.1 Stress

Als Stress bezeichnet man bestimmte Reaktionen des Körpers, die auftreten, wenn ein Individuum bzw. dessen Organismus auf eine belastende Situation trifft.[57] Diese belastenden Situationen werden Stressoren oder auch Belastungsfaktoren genannt.[58] Sie erhöhen die Wahrscheinlichkeit für eine Stressreaktion. Stressoren könnten beispielsweise sein: erhöhtes Arbeitsaufkommen, Krankheiten, Trennung, etc. In Bezug auf die Wahrnehmung der Stressoren wird zwischen drei Theorien unterschieden:

1. Stress als Umweltreiz – der Stress wird als Input verstanden, d. h. dass die Stressoren aus der Umgebung/Umwelt auf das Individuum eine belastende Wirkung haben;
2. Stress als Reaktion des Organismus – der Stress wird durch eine physiologische Reaktion des Körpers des Individuums, also als Output erzeugt, wenn es eine belastende Anforderung aus der Umgebung wahrnimmt;
3. Stress als Wechselwirkung – der Stress wird bei einer belastenden Beziehung zwischen eines Individuums und seiner Umwelt wahrgenommen.[59]

Im Folgenden wird die dritte Variante, Stress als Wechselwirkung, fokussiert. Sie wird auch transaktionale Sichtweise genannt, zu dem Lazarus und Folkman 1984 ein Modell entwickeln.

---

[56] Vgl. *Knoll, N./Scholz, U./Rieckmann, N.* (2011), S. 167
[57] Vgl. *Stroebe, W./Stroebe, M. S.* (1998), S. 190
[58] Vgl. *Ebd.*
[59] Vgl. *Rammsayer, T./Weber, H.* (2016), S. 402 - 403

3.2 Transaktionales Stressmodell

Das transaktionale Stressmodell von Lazarus und Folkman beschreibt das individuelle Wahrnehmen und die Bewältigung mit Stressoren eines Individuums mit Bezug auf die persönlichen Merkmale und kognitiven Prozesse.[60] Bewältigung, auch Coping genannt, sind bestimmte Mechanismen bzw. Handlungsabsichten, mit denen Menschen versuchen, eine belastende Situation zu überstehen oder zumindest den Zeitraum des Leidens erträglicher zu gestalten. Dabei bedient man sich der verfügbaren Ressourcen (siehe 3.2.2) bzw. Schutzfaktoren, welche die Bewältigung einer stressigen Situation unterstützen können und im Voraus sogar die Wahrscheinlichkeit verringern, dass ein Individuum erst in solche Situationen gerät.[61]

Bevor eine Stressreaktion auftritt, wird nach diesem Modell in der Regel zunächst die Situation bewertet. Beim ersten Schritt, der primären Bewertung ("primary appraisal"), wird eingeschätzt, ob die Situation für das eigene Wohlergehen eher eine negative Belastung oder eher eine positive Herausforderung darstellt. Ersteres kann bereits dazu führen, dass Stress entsteht.[62] Während der sekundären Bewertung ("secondary appraisal") wird geprüft, ob die eigenen Ressourcen ausreichen, um die Situation angemessen zu bewältigen. Ist die äußere Anforderung größer als die verfügbaren Ressourcen, so kann psychischer Stress entstehen. Im dritten Schritt, der Neubewertung ("reappraisal") wird untersucht, ob die angewandten Strategien bei der Bewältigung der belastenden Situation erfolgreich waren und falls dies nicht der Fall ist, beginnt der Prozess von vorne.

3.2.1 Coping

Je nachdem, welches Ergebnis die Neubewertung bringt, werden nach dem transaktionalen Stressmodell die folgenden Coping-Strategien angewandt, bis sich die Situation verändert:

1. Problemorientiertes Coping ("instrumentelles Coping")
2. Emotionsbezogenes Coping ("gefühlsexpressives Coping")[63]

---

[60] Vgl. *Stress-Portal BGN* (2009)
[61] Vgl. *Eppel, H.* (2007), S. 80
[62] Vgl. *Faller, H./Lang, H.* (2010), S. 329
[63] Vgl. *Thom, A.* (2009), S. 99

Beim problemorientierten Coping wird darauf fokussiert, das eigentliche Problem bzw. den den Stress verursachenden Stressor zu verändern, d. h. es wird sich durch bestimmte situationsbedingte Handlungen aktiv mit dem Stressor auseinandergesetzt, weshalb diese Form des Copings auch als handlungsbezogenes Coping bezeichnet wird.[64] Diese Form der Bewältigung funktioniert gut bei kontrollierbaren Stressoren, also Stressoren, die wir durch Handeln beeinflussen können. Das problemorientierte Coping kann jedoch auch die Unterlassung eines bestimmten Verhaltens mit einschließen. Beispiele:

- Eine durch ein erhöhtes Arbeitsaufkommen gestresste Person nimmt sich vor, in Zukunft mehr Pausen zu machen, um gezielt Erholung zu erlangen und den Stressor auf diese Weise eliminiert oder ihm zumindest weniger Freiraum schenkt, sich auszubreiten und die Person damit zu belasten.

- Wenn sich eine Person vor einer anstehenden Prüfung bzw. ihrem Bestehen fürchtet, dadurch gestresst fühlt und durch effektiveres Lernen versucht, diese Problematik zu beseitigen.

Beim emotionsbezogenen Coping, auch intrapsychische Bewältigung genannt, versucht die betroffene Person, ihre Gefühle in Bezug auf die Stresssituation bewusst zu verändern. Dies kann beispielsweise durch kognitive Prozesse wie der Selbstregulation geschehen, indem man versucht, die negativen Aspekte der belastenden Situation auszublenden und sich bewusst einzureden, welche positiven Seiten die Situation beinhaltet sowie sich selbst optimistisch zuzureden.[65] Hierbei wird sich demnach nicht auf das Problem selbst bezogen, sondern auf die inneren Gefühle und Emotionen die im Zuge der Stresssituation auftreten. Diese Methode lässt sich somit gut bei unkontrollierbaren, nicht durch aktive Handlungen beeinflussbare, Stressoren einsetzen. Beispiele:

- Wenn eine Person vor einer wichtigen unvermeidbaren Entscheidung steht und sich davon gestresst fühlt, kann sie durch die Regulation ihrer Gedanken ihre Unsicherheit oder Angst im Bezug auf ihre Entscheidung senken und sich durch Entspannungsstrategien positive Folgen ihrer Entscheidung zureden.[66]

---

[64] Vgl. *Faller, H./Lang, H.* (2010), S. 330
[65] Vgl. *Faller, H./Lang, H.* (2010), S. 331
[66] Vgl. *Opus Bibliothek Uni Würzburg, Ellgring, H.*, S. 117

- Das Durchfallen bei einer wichtigen Prüfung; hier kann man sich (bei Verfügbarkeit) des eigenen sozialen Netzwerks bedienen und z. B. tröstende Gespräche mit Freunden oder Familie aufsuchen.

Sollte eine Person nicht genügend Ressourcen zur Verfügung haben, kann es dazu kommen, dass die Hemmung der Emotionen die bei negativen Erlebnissen entstehen, durch Betäubung dieser mit dem Konsum von Drogen und/oder Alkohol stattfindet. In diesem Fall ist die betroffene Person mit der Bewältigung der Stressoren überfordert.[67] Mit dieser Maßnahme werden jegliche negative Gedanken gehemmt, was allerdings bedenkliche gesundheitliche Folgen haben kann.

3.2.2 Ressourcen

Wie unter Punkt 3.2 bereits kurz erwähnt wird, greift man während des Copings auf die sog. Ressourcen zurück, die dem Menschen dabei helfen, stressige Situationen zu beeinflussen, besser anzugehen und diese bestenfalls zu lösen. Eine Voraussetzung dafür, dass Ressourcen diese positive Wirkung, welche auch Pufferwirkung genannt wird, bei der Bewältigung hervorbringen können, ist, dass die Person erst einmal erkennen muss, welche Ressourcen ihr vorliegen und sich diesen bewusst werden.[68] Je nachdem wie die eigenen Ressourcen subjektiv wahrgenommen werden, hat die unterstützende Wirkung der Ressourcen ein anderes Ausmaß. Es wird unterschieden zwischen den folgenden Arten von Ressourcen:

1. Persönliche Ressourcen (Persönliche Kompetenzen, Charaktereigenschaften, Werte, Erfahrung, Motivation, etc.)
2. Soziale Ressourcen (Beziehungen, Familie, Arbeitskollegen, etc.)
3. Materielle Ressourcen (Eigentum jeder Art wie z. B. Geld, Wohnung, Elektrogeräte, etc.)
4. Institutionelle / organisationale Ressourcen (Organisationen, Einrichtungen, Vereine, etc.)[69]

---

[67] Vgl. *BZgA, Franke, A./Franzkowiak, P.* (2015)
[68] Vgl. *Busch, C. et al.* (2015), S. 23
[69] Vgl. *Lüttring Haus, Burkhardt, S.* (2013), S. 13

Unter Punkt 3.2.1 sind für problemorientiertes und emotionsbezogenes Coping jeweils zwei Beispiele genannt. Doch welche eben aufgeführten Ressourcen kommen in den Beispielen zum Tragen?

Im ersten Beispiel im Bezug auf problemorientiertes Coping, versucht eine Person, durch Arbeitspausen das Abarbeiten so zu gestalten, dass es nicht zum für sie schädlichen Stress kommt. Hierbei greift die Person einerseits auf organisationale Ressourcen zurück, denn diese beinhalten u. a. die Freiheit, seine Arbeitsbedingungen und Pausen individuell gestalten zu können. Andererseits spielen auch persönliche Ressourcen eine Rolle, da diese Person die Kompetenz hat, sich selbst innerhalb der Arbeitspausen so zu regulieren, dass es zu einer teilweisen Erholung kommt.

Im zweiten Beispiel greift die Person auf persönliche Ressourcen zurück, denn sie nutzt trotz der stressigen Situation ihre eigene Motivation zu lernen, um ein Prüfungsergebnis zu erlangen, das mindestens zum Bestehen dieser führt. Zum anderen werden auch materielle Ressourcen benutzt, da der Person offensichtlich Möglichkeiten zur Verfügung stehen, aus denen sie das nötige Wissen erlangen kann, wie z. B. Bücher, Internet, etc.

Im ersten Beispiel des emotionsbasierten Copings steht eine Person vor einer unvermeidbaren Entscheidung, die im Vorfeld Stress erzeugt. Hier wird sich erneut der persönlichen Ressourcen bedient, denn die Person zeigt das Vertrauen in sich selbst und den nötigen Optimismus, dass, unabhängig davon welche Folgen die Entscheidung mit sich zieht, die Person im Nachhinein nicht durch evtl. negativ aufkommende Folgen Selbstzweifel o. ä. entwickelt. Hierbei ist zu erwähnen, dass die persönlichen Ressourcen, speziell das positive optimistische Denken, dem Entstehen von Stress bereits insofern entgegenwirken können, als dass die aufkommenden Stressoren nicht als bedrohlich oder relevant wahrgenommen werden. Dieser Prozess geschieht bereits in der ersten Phase ("primary appraisal") der Bewertung von Stressoren (siehe 3.1). Im zweiten Beispiel nutzt die Person in der stressigen Phase nach einer misslungenen Prüfung ihre sozialen Ressourcen, indem sie sich emotionale Unterstützung innerhalb ihres sozialen Netzwerkes sucht. Sie führt Gespräche mit engen Freunden, Kollegen, Familienmitgliedern, etc., die ihr Trost schenken, Mut und/oder Kraft geben, die Situation leichter zu bewältigen.

Zusammenfassend zum Thema Bewältigungsstrategien mithilfe von Ressourcen in Stressphasen kann man sagen, dass die Bewältigung mit hoher Wahrscheinlichkeit desto besser verläuft, umso mehr Ressourcen einer Person zur Verfügung stehen.

Literaturverzeichnis

Bücher:

Andreß, H.-J. (1999), Leben in Armut, Wiesbaden.

Bruns, W. (2013), Gesundheitsförderung durch soziale Netzwerke – Möglichkeiten und Restriktionen, Wiesbaden.

Busch, C. et al. (2015), Stressmanagement für Teams, 2. Aufl., Heidelberg.

Corbin, J. M./Strauss, A. L. (2010), Weiterleben lernen – Verlauf und Bewältigung chronischer Krankheit, 3. Aufl., Bern.

Eppel, H. (2007), Stress als Risiko und Chance – Grundlagen von Belastung, Bewältigung und Ressourcen, 1. Aufl., Stuttgart.

Faller, H./Lang, H. (2010), Medizinische Psychologie und Soziologie, 3. Aufl., Heidelberg.

Hammelstein, R. (2006), Gesundheitspsychologie, Heidelberg.

Harding, G. (2012), Topmanagement und Angst, Wiesbaden.

Knoll, N./Scholz, U./Rieckmann, N. (2011), Einführung Gesundheitspsychologie, 2. Aufl., München.

Kulin, S. et al. (2012), Soziale Netzwerkanalyse – Theorie, Methoden, Praxis, Münster.

Laux, L. (2008), Persönlichkeitspsychologie, 2. Aufl., Stuttgart.

Maltby, J./Day, L./Macaskill, A. (2011), Differentielle Psychologie, Persönlichkeit und Intelligenz, 2. Aufl., München.

Rammsayer, T./Weber, H. (2016), Differentielle Psychologie – Persönlichkeitstheorien, 2. Aufl., Göttingen.

Schimmel-Schloo, M./Seiwert, L. J./Wagner, H. (Hrsg.) (2002), Persönlichkeitsmodelle, Offenbach.

Stevens, A. (2015), C. G. Jung – Eine sehr kurze Einführung, 1. Aufl., Bern.

Stroebe, W./Stroebe, M. S. (1998), Lehrbuch der Gesundheitspsychologie, 1. Aufl., Eschborn bei Frankfurt am Main.

Thom, A. (2009), Traumatisierung in der Kindheit und ihre Folgen – Anforderungen an die soziale Arbeit, Hamburg.

van Dick, R. (1999), Stress und Arbeitszufriedenheit im Lehrerberuf – Eine Analyse von Belastung und Beanspruchung im Kontext sozialpsychologischer, klinisch-psychologischer und organisationspsychologischer Konzepte, Marburg.

Internetquellen:

http://aok-bv.de/lexikon/c/index_00275.html , abgerufen am 29.11.2017.

https://www.google.de/url?sa=t&rct=j&q=&esrc=s&source=web&cd=3&cad=rja&
uact=8&ved=0ahUKEwic9eXT5PDXAhWQC-
wKHbnSDJEQFgg8MAI&url=http%3A%2F%2Fwww.dmsg-
saar.de%2Fimages%2Fdownload_archiv%2FMultiple_Sklerose_und_Par
tnerschaft2010.pdf&usg=AOvVaw1gfutdDXoAjxxD0vQI5hSG , abgerufen
am 04.12.2017.

https://www.hrdt.de/de/Personalentwicklung/Psychologische-Inventare/Myers-
Briggs-Typen-Indikator-MBTI/ , abgerufen am 28.11.2017.

https://www.leitbegriffe.bzga.de/systematisches-verzeichnis/allgemeine-
grundbegriffe/stress-und-stressbewaeltigung/ , abgerufen am
06.12.2017.

http://www.rki.de/DE/Content/Gesundheitsmonitoring/Gesundheitsberichterstatt
ung/GBEDownloadsF/Geda2012/Soziale_unterstuetzung.pdf?__blob=pu
blicationFile , abgerufen am 04.12.2017.

https://www.opp.com/de-DE/tools/MBTI/MBTI-Step-I , abgerufen am
28.11.2017.

https://opus.bibliothek.uni-wuerzburg.de/opus4-
wuerz-
burg/frontdoor/deliver/index/docId/3679/file/Ellgring_Stressbewaeltigung.
pdf , abgerufen am 05.12.2017.

https://www.paritaet-
berlin.de/fileadmin/user_upload/Dokumente/Inklusive_Fachtagung/2013-
11-
01_Staerkung_der_Ressourcen_des_Individuums_und_des_Sozialraum
s_Burkhardt.pdf , abgerufen am 06.12.2017.

http://stress.portal.bgn.de/8179/15090/7 , abgerufen am 05.12.2017.

https://talamo.co/hochsensibilitaet-mbti-enneagramm/ , abgerufen am
28.11.2017.

BEI GRIN MACHT SICH IHR WISSEN BEZAHLT

- Wir veröffentlichen Ihre Hausarbeit, Bachelor- und Masterarbeit

- Ihr eigenes eBook und Buch - weltweit in allen wichtigen Shops

- Verdienen Sie an jedem Verkauf

Jetzt bei www.GRIN.com hochladen und kostenlos publizieren